This planner is for the hardworking business
man or woman who has everything...
and wants to keep every bit of it!

How to use TRUMPTIMER

Well, we may be cheering or we may be cringing, but the fact is, "The Donald" has been elected President of the United States of America. He doesn't start the job until mid-January, but we all need to hit the ground running on January 1 to make sure we MAKE 2017 GREAT AGAIN! (?)

Hey, as long as we need to keep a daily planner, we might as well have a little fun with it, right?

So, it's pretty simple. Each morning, fill in the day and date. Check Twitter and see if the POTUS has been up late. Record any significant rants for posterity. Then think about your goals for the day and write them down. Fill in the schedule as you go through your day just as you would with any planner. At the end of the day, check out the evening news and record who Donald fired that day!

Each TRUMPTIMER will take you through three months of 2017.

Now, WORK HARD AND HAVE FUN!

Copyright 2017 by Peter W. Stewart. All rights reserved. No part of this book may be used or reproduced in any manner whatsoever without written permission from the author.

TRUMPTIMER

Day/Date_____

Donald's Tweet of the Day:_____
_____

TODAY'S DAILY GOALS

1. _____ 2. _____
3. _____ 4. _____
5. _____ 6. _____
7. _____ 8. _____

MY SCHEDULE

6 AM _____   6 PM _____
7 AM _____   7 PM _____
8 AM _____   8 PM _____
9 AM _____   9 PM _____
10 AM _____   10 PM _____
11 AM _____   11 PM _____
NOON _____   MIDNIGHT _____
1 PM _____   1 AM _____
2 PM _____   2 AM _____
3 PM _____   3 AM _____
4 PM _____   4 AM _____
5 PM _____   5 AM _____

Who Donald fired today::_____

"I have a great relationship with the Mexican people."

Donald J. Trump

TRUMPTIMER

Day/Date_____

Donald's Tweet of the Day:_____
_____

TODAY'S DAILY GOALS

1. _____   2. _____
3. _____   4. _____
5. _____   6. _____
7. _____   8. _____

MY SCHEDULE

6 AM _____   6 PM _____
7 AM _____   7 PM _____
8 AM _____   8 PM _____
9 AM _____   9 PM _____
10 AM _____   10 PM _____
11 AM _____   11 PM _____
NOON _____   MIDNIGHT _____
1 PM _____   1 AM _____
2 PM _____   2 AM _____
3 PM _____   3 AM _____
4 PM _____   4 AM _____
5 PM _____   5 AM _____

Who Donald fired today::_____

"Why can't we use nuclear weapons?"

                                                         Donald J. Trump

TRUMPTIMER

Day/Date_____

Donald's Tweet of the Day:_____
_____

TODAY'S DAILY GOALS

1. _____ 2. _____
3. _____ 4. _____
5. _____ 6. _____
7. _____ 8. _____

MY SCHEDULE

6 AM _____	6 PM _____
7 AM _____	7 PM _____
8 AM _____	8 PM _____
9 AM _____	9 PM _____
10 AM _____	10 PM _____
11 AM _____	11 PM _____
NOON _____	MIDNIGHT _____
1 PM. _____	1 AM _____
2 PM _____	2 AM _____
3 PM _____	3 AM _____
4 PM _____	4 AM _____
5 PM _____	5 AM _____

Who Donald fired today::_____

"I'm the Ernest Hemingway of 140 characters."

Donald J. Trump

TRUMPTIMER

Day/Date_____

Donald's Tweet of the Day:_____
_____

TODAY'S DAILY GOALS

1. _____ 2. _____
3. _____ 4. _____
5. _____ 6. _____
7. _____ 8. _____

MY SCHEDULE

6 AM _____	6 PM _____
7 AM _____	7 PM _____
8 AM _____	8 PM _____
9 AM _____	9 PM _____
10 AM _____	10 PM _____
11 AM _____	11 PM _____
NOON _____	MIDNIGHT _____
1 PM. _____	1 AM _____
2 PM _____	2 AM _____
3 PM _____	3 AM _____
4 PM _____	4 AM _____
5 PM _____	5 AM _____

Who Donald fired today::_____

"You have to think anyway, so why not think big?"

Donald J. Trump

TRUMPTIMER

Day/Date _____

Donald's Tweet of the Day: _____
_____

TODAY'S DAILY GOALS

1. _____ 2. _____
3. _____ 4. _____
5. _____ 6. _____
7. _____ 8. _____

MY SCHEDULE

6 AM _____	6 PM _____
7 AM _____	7 PM _____
8 AM _____	8 PM _____
9 AM _____	9 PM _____
10 AM _____	10 PM _____
11 AM _____	11 PM _____
NOON _____	MIDNIGHT _____
1 PM. _____	1 AM _____
2 PM _____	2 AM _____
3 PM _____	3 AM _____
4 PM _____	4 AM _____
5 PM _____	5 AM _____

Who Donald fired today:: _____

"I have an attention span as long as it has to be."

Donald J. Trump

TRUMPTIMER

Day/Date_____

Donald's Tweet of the Day:_____
_____

TODAY'S DAILY GOALS

1. _____   2. _____
3. _____   4. _____
5. _____   6. _____
7. _____   8. _____

MY SCHEDULE

6 AM _____   6 PM _____
7 AM _____   7 PM _____
8 AM _____   8 PM _____
9 AM _____   9 PM _____
10 AM _____   10 PM _____
11 AM _____   11 PM _____
NOON _____   MIDNIGHT _____
1 PM. _____   1 AM _____
2 PM _____   2 AM _____
3 PM _____   3 AM _____
4 PM _____   4 AM _____
5 PM _____   5 AM _____

Who Donald fired today::_____

"Politicians can't manage. All they can do is talk."

                                                                                          Donald J. Trump

TRUMPTIMER

Day/Date_____

Donald's Tweet of the Day:_____
_____

TODAY'S DAILY GOALS

1. _____ 2. _____
3. _____ 4. _____
5. _____ 6. _____
7. _____ 8. _____

MY SCHEDULE

6 AM _____	6 PM _____
7 AM _____	7 PM _____
8 AM _____	8 PM _____
9 AM _____	9 PM _____
10 AM _____	10 PM _____
11 AM _____	11 PM _____
NOON _____	MIDNIGHT _____
1 PM. _____	1 AM _____
2 PM _____	2 AM _____
3 PM _____	3 AM _____
4 PM _____	4 AM _____
5 PM _____	5 AM _____

Who Donald fired today::_____

"I actually don't have a bad hairline."

Donald J. Trump

TRUMPTIMER WEEKLY NOTES

TRUMPTIMER

Day/Date _____

Donald's Tweet of the Day: _____
_____

TODAY'S DAILY GOALS

1. _____ 2. _____
3. _____ 4. _____
5. _____ 6. _____
7. _____ 8. _____

MY SCHEDULE

6 AM _____ 6 PM _____
7 AM _____ 7 PM _____
8 AM _____ 8 PM _____
9 AM _____ 9 PM _____
10 AM _____ 10 PM _____
11 AM _____ 11 PM _____
NOON _____ MIDNIGHT _____
1 PM _____ 1 AM _____
2 PM _____ 2 AM _____
3 PM _____ 3 AM _____
4 PM _____ 4 AM _____
5 PM _____ 5 AM _____

Who Donald fired today:: _____

"I have a great relationship with the Mexican people."

Donald J. Trump

TRUMPTIMER

Day/Date_____

Donald's Tweet of the Day:_____
_____

TODAY'S DAILY GOALS

1. _____ 2. _____
3. _____ 4. _____
5. _____ 6. _____
7. _____ 8. _____

MY SCHEDULE

6 AM _____	6 PM _____
7 AM _____	7 PM _____
8 AM _____	8 PM _____
9 AM _____	9 PM _____
10 AM _____	10 PM _____
11 AM _____	11 PM _____
NOON _____	MIDNIGHT _____
1 PM _____	1 AM _____
2 PM _____	2 AM _____
3 PM _____	3 AM _____
4 PM _____	4 AM _____
5 PM _____	5 AM _____

Who Donald fired today::_____

"Why can't we use nuclear weapons?"

                                                                         Donald J. Trump

TRUMPTIMER

Day/Date_____

Donald's Tweet of the Day:_____
_____

TODAY'S DAILY GOALS

1. _____ 2. _____
3. _____ 4. _____
5. _____ 6. _____
7. _____ 8. _____

MY SCHEDULE

6 AM _____ 6 PM _____

7 AM _____ 7 PM _____

8 AM _____ 8 PM _____

9 AM _____ 9 PM _____

10 AM _____ 10 PM _____

11 AM _____ 11 PM _____

NOON _____ MIDNIGHT _____

1 PM. _____ 1 AM _____

2 PM _____ 2 AM _____

3 PM _____ 3 AM _____

4 PM _____ 4 AM _____

5 PM _____ 5 AM _____

Who Donald fired today::_____

"I'm the Ernest Hemingway of 140 characters."

                                                                 Donald J. Trump

TRUMPTIMER

Day/Date_____

Donald's Tweet of the Day:_____
_____

TODAY'S DAILY GOALS

1. _____   2. _____
3. _____   4. _____
5. _____   6. _____
7. _____   8. _____

MY SCHEDULE

6 AM _____	6 PM _____
7 AM _____	7 PM _____
8 AM _____	8 PM _____
9 AM _____	9 PM _____
10 AM _____	10 PM _____
11 AM _____	11 PM _____
NOON _____	MIDNIGHT _____
1 PM. _____	1 AM _____
2 PM _____	2 AM _____
3 PM _____	3 AM _____
4 PM _____	4 AM _____
5 PM _____	5 AM _____

Who Donald fired today::_____

"You have to think anyway, so why not think big?"

Donald J. Trump

TRUMPTIMER

Day/Date _____

Donald's Tweet of the Day: _____
_____

TODAY'S DAILY GOALS

1. _____ 2. _____
3. _____ 4. _____
5. _____ 6. _____
7. _____ 8. _____

MY SCHEDULE

6 AM _____ 6 PM _____
7 AM _____ 7 PM _____
8 AM _____ 8 PM _____
9 AM _____ 9 PM _____
10 AM _____ 10 PM _____
11 AM _____ 11 PM _____
NOON _____ MIDNIGHT _____
1 PM. _____ 1 AM _____
2 PM _____ 2 AM _____
3 PM _____ 3 AM _____
4 PM _____ 4 AM _____
5 PM _____ 5 AM _____

Who Donald fired today:: _____

"I have an attention span as long as it has to be."

Donald J. Trump

TRUMPTIMER

Day/Date_____

Donald's Tweet of the Day:_____
_____

TODAY'S DAILY GOALS

1. _____ 2. _____
3. _____ 4. _____
5. _____ 6. _____
7. _____ 8. _____

MY SCHEDULE

6 AM _____   6 PM _____
7 AM _____   7 PM _____
8 AM _____   8 PM _____
9 AM _____   9 PM _____
10 AM _____   10 PM _____
11 AM _____   11 PM _____
NOON _____   MIDNIGHT _____
1 PM. _____   1 AM _____
2 PM _____   2 AM _____
3 PM _____   3 AM _____
4 PM _____   4 AM _____
5 PM _____   5 AM _____

Who Donald fired today:: _____

"Politicians can't manage. All they can do is talk."

                                                              Donald J. Trump

TRUMPTIMER

Day/Date_____

Donald's Tweet of the Day:_____
_____

TODAY'S DAILY GOALS

1. _____ 2. _____
3. _____ 4. _____
5. _____ 6. _____
7. _____ 8. _____

MY SCHEDULE

6 AM _____ 6 PM _____
7 AM _____ 7 PM _____
8 AM _____ 8 PM _____
9 AM _____ 9 PM _____
10 AM _____ 10 PM _____
11 AM _____ 11 PM _____
NOON _____ MIDNIGHT _____
1 PM. _____ 1 AM _____
2 PM _____ 2 AM _____
3 PM _____ 3 AM _____
4 PM _____ 4 AM _____
5 PM _____ 5 AM _____

Who Donald fired today::_____

"I actually don't have a bad hairline."

Donald J. Trump

TRUMPTIMER

Day/Date_____

Donald's Tweet of the Day:_____
_____

TODAY'S DAILY GOALS

1. _____   2. _____
3. _____   4. _____
5. _____   6. _____
7. _____   8. _____

MY SCHEDULE

6 AM _____   6 PM _____
7 AM _____   7 PM _____
8 AM _____   8 PM _____
9 AM _____   9 PM _____
10 AM _____   10 PM _____
11 AM _____   11 PM _____
NOON _____   MIDNIGHT _____
1 PM _____   1 AM _____
2 PM _____   2 AM _____
3 PM _____   3 AM _____
4 PM _____   4 AM _____
5 PM _____   5 AM _____

Who Donald fired today::_____

"Why can't we use nuclear weapons?"

                                                           Donald J. Trump

TRUMPTIMER

Day/Date_____

Donald's Tweet of the Day:_____
_____

TODAY'S DAILY GOALS

1. _____   2. _____
3. _____   4. _____
5. _____   6. _____
7. _____   8. _____

MY SCHEDULE

6 AM _____	6 PM _____
7 AM _____	7 PM _____
8 AM _____	8 PM _____
9 AM _____	9 PM _____
10 AM _____	10 PM _____
11 AM _____	11 PM _____
NOON _____	MIDNIGHT _____
1 PM. _____	1 AM _____
2 PM _____	2 AM _____
3 PM _____	3 AM _____
4 PM _____	4 AM _____
5 PM _____	5 AM _____

Who Donald fired today::_____

"I'm the Ernest Hemingway of 140 characters."

Donald J. Trump

TRUMPTIMER

Day/Date_____

Donald's Tweet of the Day:_____
_____

TODAY'S DAILY GOALS

1. _____ 2. _____
3. _____ 4. _____
5. _____ 6. _____
7. _____ 8. _____

MY SCHEDULE

6 AM _____ 6 PM _____
7 AM _____ 7 PM _____
8 AM _____ 8 PM _____
9 AM _____ 9 PM _____
10 AM _____ 10 PM _____
11 AM _____ 11 PM _____
NOON _____ MIDNIGHT _____
1 PM _____ 1 AM _____
2 PM _____ 2 AM _____
3 PM _____ 3 AM _____
4 PM _____ 4 AM _____
5 PM _____ 5 AM _____

Who Donald fired today::_____

"You have to think anyway, so why not think big?"

Donald J. Trump

TRUMPTIMER

Day/Date _____

Donald's Tweet of the Day:_____
_____

TODAY'S DAILY GOALS

1. _____ 2. _____
3. _____ 4. _____
5. _____ 6. _____
7. _____ 8. _____

MY SCHEDULE

6 AM _____	6 PM _____
7 AM _____	7 PM _____
8 AM _____	8 PM _____
9 AM _____	9 PM _____
10 AM _____	10 PM _____
11 AM _____	11 PM _____
NOON _____	MIDNIGHT _____
1 PM. _____	1 AM _____
2 PM _____	2 AM _____
3 PM _____	3 AM _____
4 PM _____	4 AM _____
5 PM _____	5 AM _____

Who Donald fired today::_____

"I have an attention span as long as it has to be."

Donald J. Trump

TRUMPTIMER

Day/Date_____

Donald's Tweet of the Day:_____
_____

TODAY'S DAILY GOALS

1. _____   2. _____
3. _____   4. _____
5. _____   6. _____
7. _____   8. _____

MY SCHEDULE

6 AM _____   6 PM _____
_____   _____
7 AM _____   7 PM _____
_____   _____
8 AM _____   8 PM _____
_____   _____
9 AM _____   9 PM _____
_____   _____
10 AM _____   10 PM _____
_____   _____
11 AM _____   11 PM _____
_____   _____
NOON _____   MIDNIGHT_____
_____   _____
1 PM. _____   1 AM _____
_____   _____
2 PM _____   2 AM _____
_____   _____
3 PM _____   3 AM _____
_____   _____
4 PM _____   4 AM _____
_____   _____
5 PM _____   5 AM _____
_____   _____

Who Donald fired today::_____

"Politicians can't manage. All they can do is talk."

Donald J. Trump

TRUMPTIMER

Day/Date _____

Donald's Tweet of the Day: _____
_____

TODAY'S DAILY GOALS

1. _____   2. _____
3. _____   4. _____
5. _____   6. _____
7. _____   8. _____

MY SCHEDULE

6 AM _____   6 PM _____
7 AM _____   7 PM _____
8 AM _____   8 PM _____
9 AM _____   9 PM _____
10 AM _____   10 PM _____
11 AM _____   11 PM _____
NOON _____   MIDNIGHT _____
1 PM. _____   1 AM _____
2 PM _____   2 AM _____
3 PM _____   3 AM _____
4 PM _____   4 AM _____
5 PM _____   5 AM _____

Who Donald fired today:: _____

"I actually don't have a bad hairline."

Donald J. Trump

TRUMPTIMER WEEKLY NOTES

TRUMPTIMER

Day/Date_____

Donald's Tweet of the Day:_____
_____

TODAY'S DAILY GOALS

1. _____ 2. _____
3. _____ 4. _____
5. _____ 6. _____
7. _____ 8. _____

MY SCHEDULE

6 AM _____   6 PM _____
7 AM _____   7 PM _____
8 AM _____   8 PM _____
9 AM _____   9 PM _____
10 AM _____   10 PM _____
11 AM _____   11 PM _____
NOON _____   MIDNIGHT _____
1 PM _____   1 AM _____
2 PM _____   2 AM _____
3 PM _____   3 AM _____
4 PM _____   4 AM _____
5 PM _____   5 AM _____

Who Donald fired today::_____

"I have a great relationship with the Mexican people."

Donald J. Trump

TRUMPTIMER

Day/Date_____

Donald's Tweet of the Day:_____
_____

TODAY'S DAILY GOALS

1. _____ 2. _____
3. _____ 4. _____
5. _____ 6. _____
7. _____ 8. _____

MY SCHEDULE

6 AM _____ 6 PM _____
7 AM _____ 7 PM _____
8 AM _____ 8 PM _____
9 AM _____ 9 PM _____
10 AM _____ 10 PM _____
11 AM _____ 11 PM _____
NOON _____ MIDNIGHT _____
1 PM _____ 1 AM _____
2 PM _____ 2 AM _____
3 PM _____ 3 AM _____
4 PM _____ 4 AM _____
5 PM _____ 5 AM _____

Who Donald fired today::_____

"Why can't we use nuclear weapons?"

Donald J. Trump

TRUMPTIMER

Day/Date_____

Donald's Tweet of the Day:_____
_____

TODAY'S DAILY GOALS

1. _____ 2. _____
3. _____ 4. _____
5. _____ 6. _____
7. _____ 8. _____

MY SCHEDULE

6 AM _____ 6 PM _____
7 AM _____ 7 PM _____
8 AM _____ 8 PM _____
9 AM _____ 9 PM _____
10 AM _____ 10 PM _____
11 AM _____ 11 PM _____
NOON _____ MIDNIGHT _____
1 PM. _____ 1 AM _____
2 PM _____ 2 AM _____
3 PM _____ 3 AM _____
4 PM _____ 4 AM _____
5 PM _____ 5 AM _____

Who Donald fired today::_____

"I'm the Ernest Hemingway of 140 characters."

Donald J. Trump

TRUMPTIMER

Day/Date_____

Donald's Tweet of the Day:_____
_____

TODAY'S DAILY GOALS

1. _____ 2. _____
3. _____ 4. _____
5. _____ 6. _____
7. _____ 8. _____

MY SCHEDULE

6 AM _____	6 PM _____
7 AM _____	7 PM _____
8 AM _____	8 PM _____
9 AM _____	9 PM _____
10 AM _____	10 PM _____
11 AM _____	11 PM _____
NOON _____	MIDNIGHT _____
1 PM. _____	1 AM _____
2 PM _____	2 AM _____
3 PM _____	3 AM _____
4 PM _____	4 AM _____
5 PM _____	5 AM _____

Who Donald fired today::_____

"You have to think anyway, so why not think big?"

Donald J. Trump

TRUMPTIMER

Day/Date _____

Donald's Tweet of the Day: _____
_____

TODAY'S DAILY GOALS

1. _____   2. _____
3. _____   4. _____
5. _____   6. _____
7. _____   8. _____

MY SCHEDULE

6 AM _____	6 PM _____
7 AM _____	7 PM _____
8 AM _____	8 PM _____
9 AM _____	9 PM _____
10 AM _____	10 PM _____
11 AM _____	11 PM _____
NOON _____	MIDNIGHT _____
1 PM. _____	1 AM _____
2 PM _____	2 AM _____
3 PM _____	3 AM _____
4 PM _____	4 AM _____
5 PM _____	5 AM _____

Who Donald fired today:: _____

"I have an attention span as long as it has to be."

Donald J. Trump

TRUMPTIMER

Day/Date_____

Donald's Tweet of the Day:_____
_____

TODAY'S DAILY GOALS

1. _____ 2. _____
3. _____ 4. _____
5. _____ 6. _____
7. _____ 8. _____

MY SCHEDULE

6 AM _____ 6 PM _____
7 AM _____ 7 PM _____
8 AM _____ 8 PM _____
9 AM _____ 9 PM _____
10 AM _____ 10 PM _____
11 AM _____ 11 PM _____
NOON _____ MIDNIGHT _____
1 PM. _____ 1 AM _____
2 PM _____ 2 AM _____
3 PM _____ 3 AM _____
4 PM _____ 4 AM _____
5 PM _____ 5 AM _____

Who Donald fired today::_____

"Politicians can't manage. All they can do is talk."

                                                          Donald J. Trump

TRUMPTIMER

Day/Date_____

Donald's Tweet of the Day:_____
_____

TODAY'S DAILY GOALS

1. _____ 2. _____
3. _____ 4. _____
5. _____ 6. _____
7. _____ 8. _____

MY SCHEDULE

6 AM _____	6 PM _____
7 AM _____	7 PM _____
8 AM _____	8 PM _____
9 AM _____	9 PM _____
10 AM _____	10 PM _____
11 AM _____	11 PM _____
NOON _____	MIDNIGHT _____
1 PM. _____	1 AM _____
2 PM _____	2 AM _____
3 PM _____	3 AM _____
4 PM _____	4 AM _____
5 PM _____	5 AM _____

Who Donald fired today::_____

"I actually don't have a bad hairline."

Donald J. Trump

TRUMPTIMER
WEEKLY NOTES

TRUMPTIMER

Day/Date_____

Donald's Tweet of the Day:_____
_____

TODAY'S DAILY GOALS

1. _____ 2. _____
3. _____ 4. _____
5. _____ 6. _____
7. _____ 8. _____

MY SCHEDULE

6 AM _____	6 PM _____
7 AM _____	7 PM _____
8 AM _____	8 PM _____
9 AM _____	9 PM _____
10 AM _____	10 PM _____
11 AM _____	11 PM _____
NOON _____	MIDNIGHT _____
1 PM _____	1 AM _____
2 PM _____	2 AM _____
3 PM _____	3 AM _____
4 PM _____	4 AM _____
5 PM _____	5 AM _____

Who Donald fired today::_____

"I have a great relationship with the Mexican people."

Donald J. Trump

TRUMPTIMER

Day/Date_____

Donald's Tweet of the Day:_____
_____

TODAY'S DAILY GOALS

1. _____ 2. _____
3. _____ 4. _____
5. _____ 6. _____
7. _____ 8. _____

MY SCHEDULE

6 AM _____	6 PM _____
7 AM _____	7 PM _____
8 AM _____	8 PM _____
9 AM _____	9 PM _____
10 AM _____	10 PM _____
11 AM _____	11 PM _____
NOON _____	MIDNIGHT _____
1 PM _____	1 AM _____
2 PM _____	2 AM _____
3 PM _____	3 AM _____
4 PM _____	4 AM _____
5 PM _____	5 AM _____

Who Donald fired today::_____

"Why can't we use nuclear weapons?"

Donald J. Trump

TRUMPTIMER

Day/Date_____

Donald's Tweet of the Day:_____
_____

TODAY'S DAILY GOALS

1. _____   2. _____
3. _____   4. _____
5. _____   6. _____
7. _____   8. _____

MY SCHEDULE

6 AM _____   6 PM _____
7 AM _____   7 PM _____
8 AM _____   8 PM _____
9 AM _____   9 PM _____
10 AM _____   10 PM _____
11 AM _____   11 PM _____
NOON _____   MIDNIGHT _____
1 PM. _____   1 AM _____
2 PM _____   2 AM _____
3 PM _____   3 AM _____
4 PM _____   4 AM _____
5 PM _____   5 AM _____

Who Donald fired today::_____

"I'm the Ernest Hemingway of 140 characters."

Donald J. Trump

TRUMPTIMER

Day/Date_____

Donald's Tweet of the Day:_____
_____

TODAY'S DAILY GOALS

1. _____ 2. _____
3. _____ 4. _____
5. _____ 6. _____
7. _____ 8. _____

MY SCHEDULE

6 AM _____ 6 PM _____
_____ _____
7 AM _____ 7 PM _____
_____ _____
8 AM _____ 8 PM _____
_____ _____
9 AM _____ 9 PM _____
_____ _____
10 AM _____ 10 PM _____
_____ _____
11 AM _____ 11 PM _____
_____ _____
NOON _____ MIDNIGHT_____
_____ _____
1 PM. _____ 1 AM _____
_____ _____
2 PM _____ 2 AM _____
_____ _____
3 PM _____ 3 AM _____
_____ _____
4 PM _____ 4 AM _____
_____ _____
5 PM _____ 5 AM _____
_____ _____

Who Donald fired today::_____

"You have to think anyway, so why not think big?"

Donald J. Trump

TRUMPTIMER

Day/Date _____

Donald's Tweet of the Day: _____
_____

TODAY'S DAILY GOALS

1. _____   2. _____
3. _____   4. _____
5. _____   6. _____
7. _____   8. _____

MY SCHEDULE

6 AM _____   6 PM _____
7 AM _____   7 PM _____
8 AM _____   8 PM _____
9 AM _____   9 PM _____
10 AM _____   10 PM _____
11 AM _____   11 PM _____
NOON _____   MIDNIGHT _____
1 PM. _____   1 AM _____
2 PM _____   2 AM _____
3 PM _____   3 AM _____
4 PM _____   4 AM _____
5 PM _____   5 AM _____

Who Donald fired today:: _____

"I have an attention span as long as it has to be."

Donald J. Trump

TRUMPTIMER

Day/Date_____

Donald's Tweet of the Day:_____
_____

TODAY'S DAILY GOALS

1. _____ 2. _____
3. _____ 4. _____
5. _____ 6. _____
7. _____ 8. _____

MY SCHEDULE

6 AM _____	6 PM _____
7 AM _____	7 PM _____
8 AM _____	8 PM _____
9 AM _____	9 PM _____
10 AM _____	10 PM _____
11 AM _____	11 PM _____
NOON _____	MIDNIGHT _____
1 PM. _____	1 AM _____
2 PM _____	2 AM _____
3 PM _____	3 AM _____
4 PM _____	4 AM _____
5 PM _____	5 AM _____

Who Donald fired today::_____

"Politicians can't manage. All they can do is talk."

Donald J. Trump

TRUMPTIMER

Day/Date _____

Donald's Tweet of the Day: _____
_____

TODAY'S DAILY GOALS

1. _____   2. _____
3. _____   4. _____
5. _____   6. _____
7. _____   8. _____

MY SCHEDULE

6 AM _____	6 PM _____
7 AM _____	7 PM _____
8 AM _____	8 PM _____
9 AM _____	9 PM _____
10 AM _____	10 PM _____
11 AM _____	11 PM _____
NOON _____	MIDNIGHT _____
1 PM. _____	1 AM _____
2 PM _____	2 AM _____
3 PM _____	3 AM _____
4 PM _____	4 AM _____
5 PM _____	5 AM _____

Who Donald fired today:: _____

"I actually don't have a bad hairline."

Donald J. Trump

TRUMPTIMER WEEKLY NOTES

TRUMPTIMER

Day/Date_____

Donald's Tweet of the Day:_____
_____

TODAY'S DAILY GOALS

1. _____ 2. _____
3. _____ 4. _____
5. _____ 6. _____
7. _____ 8. _____

MY SCHEDULE

6 AM _____ 6 PM _____
7 AM _____ 7 PM _____
8 AM _____ 8 PM _____
9 AM _____ 9 PM _____
10 AM _____ 10 PM _____
11 AM _____ 11 PM _____
NOON _____ MIDNIGHT _____
1 PM _____ 1 AM _____
2 PM _____ 2 AM _____
3 PM _____ 3 AM _____
4 PM _____ 4 AM _____
5 PM _____ 5 AM _____

Who Donald fired today::_____

"I have a great relationship with the Mexican people."

Donald J. Trump

TRUMPTIMER

Day/Date _____

Donald's Tweet of the Day: _____
_____

TODAY'S DAILY GOALS

1. _____ 2. _____
3. _____ 4. _____
5. _____ 6. _____
7. _____ 8. _____

MY SCHEDULE

6 AM _____	6 PM _____
7 AM _____	7 PM _____
8 AM _____	8 PM _____
9 AM _____	9 PM _____
10 AM _____	10 PM _____
11 AM _____	11 PM _____
NOON _____	MIDNIGHT _____
1 PM _____	1 AM _____
2 PM _____	2 AM _____
3 PM _____	3 AM _____
4 PM _____	4 AM _____
5 PM _____	5 AM _____

Who Donald fired today:: _____

"Why can't we use nuclear weapons?"

                                                                        Donald J. Trump

TRUMPTIMER

Day/Date_____

Donald's Tweet of the Day:_____
_____

TODAY'S DAILY GOALS

1. _____ 2. _____
3. _____ 4. _____
5. _____ 6. _____
7. _____ 8. _____

MY SCHEDULE

6 AM _____	6 PM _____
7 AM _____	7 PM _____
8 AM _____	8 PM _____
9 AM _____	9 PM _____
10 AM _____	10 PM _____
11 AM _____	11 PM _____
NOON _____	MIDNIGHT _____
1 PM. _____	1 AM _____
2 PM _____	2 AM _____
3 PM _____	3 AM _____
4 PM _____	4 AM _____
5 PM _____	5 AM _____

Who Donald fired today::_____

"I'm the Ernest Hemingway of 140 characters."

Donald J. Trump

TRUMPTIMER

Day/Date_____

Donald's Tweet of the Day:_____
_____

TODAY'S DAILY GOALS

1. _____   2. _____
3. _____   4. _____
5. _____   6. _____
7. _____   8. _____

MY SCHEDULE

6 AM _____	6 PM _____
7 AM _____	7 PM _____
8 AM _____	8 PM _____
9 AM _____	9 PM _____
10 AM _____	10 PM _____
11 AM _____	11 PM _____
NOON _____	MIDNIGHT _____
1 PM. _____	1 AM _____
2 PM _____	2 AM _____
3 PM _____	3 AM _____
4 PM _____	4 AM _____
5 PM _____	5 AM _____

Who Donald fired today::_____

"You have to think anyway, so why not think big?"

                                                Donald J. Trump

TRUMPTIMER

Day/Date_____

Donald's Tweet of the Day:_____
_____

TODAY'S DAILY GOALS

1. _____ 2. _____
3. _____ 4. _____
5. _____ 6. _____
7. _____ 8. _____

MY SCHEDULE

6 AM _____ 6 PM _____
7 AM _____ 7 PM _____
8 AM _____ 8 PM _____
9 AM _____ 9 PM _____
10 AM _____ 10 PM _____
11 AM _____ 11 PM _____
NOON _____ MIDNIGHT _____
1 PM _____ 1 AM _____
2 PM _____ 2 AM _____
3 PM _____ 3 AM _____
4 PM _____ 4 AM _____
5 PM _____ 5 AM _____

Who Donald fired today::_____

"I have an attention span as long as it has to be."

Donald J. Trump

TRUMPTIMER

Day/Date_____

Donald's Tweet of the Day:_____
_____

TODAY'S DAILY GOALS

1. _____   2. _____
3. _____   4. _____
5. _____   6. _____
7. _____   8. _____

MY SCHEDULE

6 AM _____   6 PM _____
7 AM _____   7 PM _____
8 AM _____   8 PM _____
9 AM _____   9 PM _____
10 AM _____   10 PM _____
11 AM _____   11 PM _____
NOON _____   MIDNIGHT _____
1 PM. _____   1 AM _____
2 PM _____   2 AM _____
3 PM _____   3 AM _____
4 PM _____   4 AM _____
5 PM _____   5 AM _____

Who Donald fired today:: _____

"Politicians can't manage. All they can do is talk."

Donald J. Trump

TRUMPTIMER

Day/Date_____

Donald's Tweet of the Day:_____
_____

TODAY'S DAILY GOALS

1. _____ 2. _____
3. _____ 4. _____
5. _____ 6. _____
7. _____ 8. _____

MY SCHEDULE

6 AM _____ 6 PM _____
7 AM _____ 7 PM _____
8 AM _____ 8 PM _____
9 AM _____ 9 PM _____
10 AM _____ 10 PM _____
11 AM _____ 11 PM _____
NOON _____ MIDNIGHT _____
1 PM. _____ 1 AM _____
2 PM _____ 2 AM _____
3 PM _____ 3 AM _____
4 PM _____ 4 AM _____
5 PM _____ 5 AM _____

Who Donald fired today::_____

"I actually don't have a bad hairline."

Donald J. Trump

TRUMPTIMER
WEEKLY NOTES

TRUMPTIMER

Day/Date_____

Donald's Tweet of the Day:_____
_____

TODAY'S DAILY GOALS

1. _____   2. _____
3. _____   4. _____
5. _____   6. _____
7. _____   8. _____

MY SCHEDULE

6 AM _____   6 PM _____
7 AM _____   7 PM _____
8 AM _____   8 PM _____
9 AM _____   9 PM _____
10 AM _____   10 PM _____
11 AM _____   11 PM _____
NOON _____   MIDNIGHT _____
1 PM _____   1 AM _____
2 PM _____   2 AM _____
3 PM _____   3 AM _____
4 PM _____   4 AM _____
5 PM _____   5 AM _____

Who Donald fired today::_____

"I have a great relationship with the Mexican people."

Donald J. Trump

TRUMPTIMER

Day/Date_____

Donald's Tweet of the Day:_____
_____

TODAY'S DAILY GOALS

1. _____ 2. _____
3. _____ 4. _____
5. _____ 6. _____
7. _____ 8. _____

MY SCHEDULE

6 AM _____ 6 PM _____
7 AM _____ 7 PM _____
8 AM _____ 8 PM _____
9 AM _____ 9 PM _____
10 AM _____ 10 PM _____
11 AM _____ 11 PM _____
NOON _____ MIDNIGHT _____
1 PM _____ 1 AM _____
2 PM _____ 2 AM _____
3 PM _____ 3 AM _____
4 PM _____ 4 AM _____
5 PM _____ 5 AM _____

Who Donald fired today::_____

"Why can't we use nuclear weapons?"

Donald J. Trump

TRUMPTIMER

Day/Date_____

Donald's Tweet of the Day:_____
_____

TODAY'S DAILY GOALS

1. _____ 2. _____
3. _____ 4. _____
5. _____ 6. _____
7. _____ 8. _____

MY SCHEDULE

6 AM _____	6 PM _____
7 AM _____	7 PM _____
8 AM _____	8 PM _____
9 AM _____	9 PM _____
10 AM _____	10 PM _____
11 AM _____	11 PM _____
NOON _____	MIDNIGHT _____
1 PM. _____	1 AM _____
2 PM _____	2 AM _____
3 PM _____	3 AM _____
4 PM _____	4 AM _____
5 PM _____	5 AM _____

Who Donald fired today::_____

"I'm the Ernest Hemingway of 140 characters."

Donald J. Trump

TRUMPTIMER

Day/Date_____

Donald's Tweet of the Day:_____
_____

TODAY'S DAILY GOALS

1. _____ 2. _____
3. _____ 4. _____
5. _____ 6. _____
7. _____ 8. _____

MY SCHEDULE

6 AM _____ 6 PM _____
7 AM _____ 7 PM _____
8 AM _____ 8 PM _____
9 AM _____ 9 PM _____
10 AM _____ 10 PM _____
11 AM _____ 11 PM _____
NOON _____ MIDNIGHT _____
1 PM. _____ 1 AM _____
2 PM _____ 2 AM _____
3 PM _____ 3 AM _____
4 PM _____ 4 AM _____
5 PM _____ 5 AM _____

Who Donald fired today::_____

"You have to think anyway, so why not think big?"

                                                        Donald J. Trump

TRUMPTIMER

Day/Date_____

Donald's Tweet of the Day:_____
_____

TODAY'S DAILY GOALS

1. _____ 2. _____
3. _____ 4. _____
5. _____ 6. _____
7. _____ 8. _____

MY SCHEDULE

6 AM _____ 6 PM _____
7 AM _____ 7 PM _____
8 AM _____ 8 PM _____
9 AM _____ 9 PM _____
10 AM _____ 10 PM _____
11 AM _____ 11 PM _____
NOON _____ MIDNIGHT _____
1 PM _____ 1 AM _____
2 PM _____ 2 AM _____
3 PM _____ 3 AM _____
4 PM _____ 4 AM _____
5 PM _____ 5 AM _____

Who Donald fired today::_____

"I have an attention span as long as it has to be."

Donald J. Trump

TRUMPTIMER

Day/Date_____

Donald's Tweet of the Day:_____
_____

TODAY'S DAILY GOALS

1. _____ 2. _____
3. _____ 4. _____
5. _____ 6. _____
7. _____ 8. _____

MY SCHEDULE

6 AM _____ 6 PM _____
7 AM _____ 7 PM _____
8 AM _____ 8 PM _____
9 AM _____ 9 PM _____
10 AM _____ 10 PM _____
11 AM _____ 11 PM _____
NOON _____ MIDNIGHT _____
1 PM. _____ 1 AM _____
2 PM _____ 2 AM _____
3 PM _____ 3 AM _____
4 PM _____ 4 AM _____
5 PM _____ 5 AM _____

Who Donald fired today::_____

"Politicians can't manage. All they can do is talk."

Donald J. Trump

TRUMPTIMER

Day/Date _____

Donald's Tweet of the Day: _____
_____

TODAY'S DAILY GOALS

1. _____ 2. _____
3. _____ 4. _____
5. _____ 6. _____
7. _____ 8. _____

MY SCHEDULE

6 AM _____ 6 PM _____
7 AM _____ 7 PM _____
8 AM _____ 8 PM _____
9 AM _____ 9 PM _____
10 AM _____ 10 PM _____
11 AM _____ 11 PM _____
NOON _____ MIDNIGHT _____
1 PM. _____ 1 AM _____
2 PM _____ 2 AM _____
3 PM _____ 3 AM _____
4 PM _____ 4 AM _____
5 PM _____ 5 AM _____

Who Donald fired today:: _____

"I actually don't have a bad hairline."

Donald J. Trump

TRUMPTIMER
WEEKLY NOTES

TRUMPTIMER

Day/Date_____

Donald's Tweet of the Day:_____
_____

TODAY'S DAILY GOALS

1. _____   2. _____
3. _____   4. _____
5. _____   6. _____
7. _____   8. _____

MY SCHEDULE

6 AM _____   6 PM _____
7 AM _____   7 PM _____
8 AM _____   8 PM _____
9 AM _____   9 PM _____
10 AM _____   10 PM _____
11 AM _____   11 PM _____
NOON _____   MIDNIGHT _____
1 PM _____   1 AM _____
2 PM _____   2 AM _____
3 PM _____   3 AM _____
4 PM _____   4 AM _____
5 PM _____   5 AM _____

Who Donald fired today::_____

"I have a great relationship with the Mexican people."

Donald J. Trump

TRUMPTIMER

Day/Date _____

Donald's Tweet of the Day: _____
_____

TODAY'S DAILY GOALS

1. _____ 2. _____
3. _____ 4. _____
5. _____ 6. _____
7. _____ 8. _____

MY SCHEDULE

6 AM _____	6 PM _____
7 AM _____	7 PM _____
8 AM _____	8 PM _____
9 AM _____	9 PM _____
10 AM _____	10 PM _____
11 AM _____	11 PM _____
NOON _____	MIDNIGHT _____
1 PM _____	1 AM _____
2 PM _____	2 AM _____
3 PM _____	3 AM _____
4 PM _____	4 AM _____
5 PM _____	5 AM _____

Who Donald fired today:: _____

"Why can't we use nuclear weapons?"

                                                        Donald J. Trump

TRUMPTIMER

Day/Date_____

Donald's Tweet of the Day:_____
_____

TODAY'S DAILY GOALS

1. _____ 2. _____
3. _____ 4. _____
5. _____ 6. _____
7. _____ 8. _____

MY SCHEDULE

6 AM _____ 6 PM _____
7 AM _____ 7 PM _____
8 AM _____ 8 PM _____
9 AM _____ 9 PM _____
10 AM _____ 10 PM _____
11 AM _____ 11 PM _____
NOON _____ MIDNIGHT _____
1 PM. _____ 1 AM _____
2 PM _____ 2 AM _____
3 PM _____ 3 AM _____
4 PM _____ 4 AM _____
5 PM _____ 5 AM _____

Who Donald fired today::_____

"I'm the Ernest Hemingway of 140 characters."

                                                              Donald J. Trump

TRUMPTIMER

Day/Date_____

Donald's Tweet of the Day:_____
_____

TODAY'S DAILY GOALS

1. _____ 2. _____
3. _____ 4. _____
5. _____ 6. _____
7. _____ 8. _____

MY SCHEDULE

6 AM _____	6 PM _____
7 AM _____	7 PM _____
8 AM _____	8 PM _____
9 AM _____	9 PM _____
10 AM _____	10 PM _____
11 AM _____	11 PM _____
NOON _____	MIDNIGHT _____
1 PM. _____	1 AM _____
2 PM _____	2 AM _____
3 PM _____	3 AM _____
4 PM _____	4 AM _____
5 PM _____	5 AM _____

Who Donald fired today::_____

"You have to think anyway, so why not think big?"

Donald J. Trump

TRUMPTIMER

Day/Date_____

Donald's Tweet of the Day:_____
_____

TODAY'S DAILY GOALS

1. _____   2. _____
3. _____   4. _____
5. _____   6. _____
7. _____   8. _____

MY SCHEDULE

6 AM _____   6 PM _____
7 AM _____   7 PM _____
8 AM _____   8 PM _____
9 AM _____   9 PM _____
10 AM _____   10 PM _____
11 AM _____   11 PM _____
NOON _____   MIDNIGHT _____
1 PM. _____   1 AM _____
2 PM _____   2 AM _____
3 PM _____   3 AM _____
4 PM _____   4 AM _____
5 PM _____   5 AM _____

Who Donald fired today::_____

"I have an attention span as long as it has to be."

                                                       Donald J. Trump

TRUMPTIMER

Day/Date_____

Donald's Tweet of the Day:_____
_____

TODAY'S DAILY GOALS

1. _____ 2. _____
3. _____ 4. _____
5. _____ 6. _____
7. _____ 8. _____

MY SCHEDULE

6 AM _____ 6 PM _____
7 AM _____ 7 PM _____
8 AM _____ 8 PM _____
9 AM _____ 9 PM _____
10 AM _____ 10 PM _____
11 AM _____ 11 PM _____
NOON _____ MIDNIGHT _____
1 PM. _____ 1 AM _____
2 PM _____ 2 AM _____
3 PM _____ 3 AM _____
4 PM _____ 4 AM _____
5 PM _____ 5 AM _____

Who Donald fired today::_____

"Politicians can't manage. All they can do is talk."

                                                      Donald J. Trump

TRUMPTIMER

Day/Date_____

Donald's Tweet of the Day:_____
_____

TODAY'S DAILY GOALS

1. _____ 2. _____
3. _____ 4. _____
5. _____ 6. _____
7. _____ 8. _____

MY SCHEDULE

6 AM _____	6 PM _____
7 AM _____	7 PM _____
8 AM _____	8 PM _____
9 AM _____	9 PM _____
10 AM _____	10 PM _____
11 AM _____	11 PM _____
NOON _____	MIDNIGHT _____
1 PM. _____	1 AM _____
2 PM _____	2 AM _____
3 PM _____	3 AM _____
4 PM _____	4 AM _____
5 PM _____	5 AM _____

Who Donald fired today::_____

"I actually don't have a bad hairline."

Donald J. Trump

TRUMPTIMER
WEEKLY NOTES

TRUMPTIMER

Day/Date_____

Donald's Tweet of the Day:_____
_____

TODAY'S DAILY GOALS

1. _____ 2. _____
3. _____ 4. _____
5. _____ 6. _____
7. _____ 8. _____

MY SCHEDULE

6 AM _____	6 PM _____
7 AM _____	7 PM _____
8 AM _____	8 PM _____
9 AM _____	9 PM _____
10 AM _____	10 PM _____
11 AM _____	11 PM _____
NOON _____	MIDNIGHT _____
1 PM _____	1 AM _____
2 PM _____	2 AM _____
3 PM _____	3 AM _____
4 PM _____	4 AM _____
5 PM _____	5 AM _____

Who Donald fired today::_____

"I have a great relationship with the Mexican people."

Donald J. Trump

TRUMPTIMER

Day/Date_____

Donald's Tweet of the Day:_____
_____

TODAY'S DAILY GOALS

1. _____   2. _____
3. _____   4. _____
5. _____   6. _____
7. _____   8. _____

MY SCHEDULE

6 AM _____   6 PM _____
7 AM _____   7 PM _____
8 AM _____   8 PM _____
9 AM _____   9 PM _____
10 AM _____   10 PM _____
11 AM _____   11 PM _____
NOON _____   MIDNIGHT _____
1 PM _____   1 AM _____
2 PM _____   2 AM _____
3 PM _____   3 AM _____
4 PM _____   4 AM _____
5 PM _____   5 AM _____

Who Donald fired today::_____

"Why can't we use nuclear weapons?"

Donald J. Trump

TRUMPTIMER

Day/Date _____

Donald's Tweet of the Day: _____
_____

TODAY'S DAILY GOALS

1. _____ 2. _____
3. _____ 4. _____
5. _____ 6. _____
7. _____ 8. _____

MY SCHEDULE

6 AM _____	6 PM _____
7 AM _____	7 PM _____
8 AM _____	8 PM _____
9 AM _____	9 PM _____
10 AM _____	10 PM _____
11 AM _____	11 PM _____
NOON _____	MIDNIGHT _____
1 PM. _____	1 AM _____
2 PM _____	2 AM _____
3 PM _____	3 AM _____
4 PM _____	4 AM _____
5 PM _____	5 AM _____

Who Donald fired today:: _____

"I'm the Ernest Hemingway of 140 characters."

Donald J. Trump

TRUMPTIMER

Day/Date _____

Donald's Tweet of the Day:_____
_____

TODAY'S DAILY GOALS

1. _____ 2. _____
3. _____ 4. _____
5. _____ 6. _____
7. _____ 8. _____

MY SCHEDULE

6 AM _____ 6 PM _____
7 AM _____ 7 PM _____
8 AM _____ 8 PM _____
9 AM _____ 9 PM _____
10 AM _____ 10 PM _____
11 AM _____ 11 PM _____
NOON _____ MIDNIGHT _____
1 PM. _____ 1 AM _____
2 PM _____ 2 AM _____
3 PM _____ 3 AM _____
4 PM _____ 4 AM _____
5 PM _____ 5 AM _____

Who Donald fired today::_____

"You have to think anyway, so why not think big?"

Donald J. Trump

TRUMPTIMER

Day/Date_____

Donald's Tweet of the Day:_____
_____

TODAY'S DAILY GOALS

1. _____ 2. _____
3. _____ 4. _____
5. _____ 6. _____
7. _____ 8. _____

MY SCHEDULE

6 AM _____ 6 PM _____
7 AM _____ 7 PM _____
8 AM _____ 8 PM _____
9 AM _____ 9 PM _____
10 AM _____ 10 PM _____
11 AM _____ 11 PM _____
NOON _____ MIDNIGHT _____
1 PM _____ 1 AM _____
2 PM _____ 2 AM _____
3 PM _____ 3 AM _____
4 PM _____ 4 AM _____
5 PM _____ 5 AM _____

Who Donald fired today::_____

"I have an attention span as long as it has to be."

Donald J. Trump

TRUMPTIMER

Day/Date_____

Donald's Tweet of the Day:_____
_____

TODAY'S DAILY GOALS

1. _____   2. _____
3. _____   4. _____
5. _____   6. _____
7. _____   8. _____

MY SCHEDULE

6 AM _____   6 PM _____
7 AM _____   7 PM _____
8 AM _____   8 PM _____
9 AM _____   9 PM _____
10 AM _____   10 PM _____
11 AM _____   11 PM _____
NOON _____   MIDNIGHT _____
1 PM. _____   1 AM _____
2 PM _____   2 AM _____
3 PM _____   3 AM _____
4 PM _____   4 AM _____
5 PM _____   5 AM _____

Who Donald fired today::_____

"Politicians can't manage. All they can do is talk."

Donald J. Trump

TRUMPTIMER

Day/Date_____

Donald's Tweet of the Day:_____
_____

TODAY'S DAILY GOALS

1. _____ 2. _____
3. _____ 4. _____
5. _____ 6. _____
7. _____ 8. _____

MY SCHEDULE

6 AM _____ 6 PM _____
7 AM _____ 7 PM _____
8 AM _____ 8 PM _____
9 AM _____ 9 PM _____
10 AM _____ 10 PM _____
11 AM _____ 11 PM _____
NOON _____ MIDNIGHT _____
1 PM. _____ 1 AM _____
2 PM _____ 2 AM _____
3 PM _____ 3 AM _____
4 PM _____ 4 AM _____
5 PM _____ 5 AM _____

Who Donald fired today::_____

"I actually don't have a bad hairline."

Donald J. Trump

TRUMPTIMER WEEKLY NOTES

TRUMPTIMER

Day/Date _____

Donald's Tweet of the Day: _____
_____

TODAY'S DAILY GOALS

1. _____ 2. _____
3. _____ 4. _____
5. _____ 6. _____
7. _____ 8. _____

MY SCHEDULE

6 AM _____ 6 PM _____
7 AM _____ 7 PM _____
8 AM _____ 8 PM _____
9 AM _____ 9 PM _____
10 AM _____ 10 PM _____
11 AM _____ 11 PM _____
NOON _____ MIDNIGHT _____
1 PM _____ 1 AM _____
2 PM _____ 2 AM _____
3 PM _____ 3 AM _____
4 PM _____ 4 AM _____
5 PM _____ 5 AM _____

Who Donald fired today:: _____

"I have a great relationship with the Mexican people."

Donald J. Trump

TRUMPTIMER

Day/Date_____

Donald's Tweet of the Day:_____
_____

TODAY'S DAILY GOALS

1. _____ 2. _____
3. _____ 4. _____
5. _____ 6. _____
7. _____ 8. _____

MY SCHEDULE

6 AM _____	6 PM _____
7 AM _____	7 PM _____
8 AM _____	8 PM _____
9 AM _____	9 PM _____
10 AM _____	10 PM _____
11 AM _____	11 PM _____
NOON _____	MIDNIGHT _____
1 PM _____	1 AM _____
2 PM _____	2 AM _____
3 PM _____	3 AM _____
4 PM _____	4 AM _____
5 PM _____	5 AM _____

Who Donald fired today::_____

"Why can't we use nuclear weapons?"

                                                            Donald J. Trump

TRUMPTIMER

Day/Date_____

Donald's Tweet of the Day:_____
_____

TODAY'S DAILY GOALS

1. _____ 2. _____
3. _____ 4. _____
5. _____ 6. _____
7. _____ 8. _____

MY SCHEDULE

6 AM _____	6 PM _____
7 AM _____	7 PM _____
8 AM _____	8 PM _____
9 AM _____	9 PM _____
10 AM _____	10 PM _____
11 AM _____	11 PM _____
NOON _____	MIDNIGHT _____
1 PM. _____	1 AM _____
2 PM _____	2 AM _____
3 PM _____	3 AM _____
4 PM _____	4 AM _____
5 PM _____	5 AM _____

Who Donald fired today::_____

"I'm the Ernest Hemingway of 140 characters."

Donald J. Trump

TRUMPTIMER

Day/Date_____

Donald's Tweet of the Day:_____
_____

TODAY'S DAILY GOALS

1. _____ 2. _____
3. _____ 4. _____
5. _____ 6. _____
7. _____ 8. _____

MY SCHEDULE

6 AM _____	6 PM _____
7 AM _____	7 PM _____
8 AM _____	8 PM _____
9 AM _____	9 PM _____
10 AM _____	10 PM _____
11 AM _____	11 PM _____
NOON _____	MIDNIGHT _____
1 PM. _____	1 AM _____
2 PM _____	2 AM _____
3 PM _____	3 AM _____
4 PM _____	4 AM _____
5 PM _____	5 AM _____

Who Donald fired today::_____

"You have to think anyway, so why not think big?"

                                                Donald J. Trump

TRUMPTIMER

Day/Date_____

Donald's Tweet of the Day:_____
_____

TODAY'S DAILY GOALS

1. _____   2. _____
3. _____   4. _____
5. _____   6. _____
7. _____   8. _____

MY SCHEDULE

6 AM _____   6 PM _____
7 AM _____   7 PM _____
8 AM _____   8 PM _____
9 AM _____   9 PM _____
10 AM _____   10 PM _____
11 AM _____   11 PM _____
NOON _____   MIDNIGHT _____
1 PM. _____   1 AM _____
2 PM _____   2 AM _____
3 PM _____   3 AM _____
4 PM _____   4 AM _____
5 PM _____   5 AM _____

Who Donald fired today::_____

"I have an attention span as long as it has to be."

Donald J. Trump

TRUMPTIMER

Day/Date _____

Donald's Tweet of the Day: _____
_____

TODAY'S DAILY GOALS

1. _____ 2. _____
3. _____ 4. _____
5. _____ 6. _____
7. _____ 8. _____

MY SCHEDULE

6 AM _____	6 PM _____
7 AM _____	7 PM _____
8 AM _____	8 PM _____
9 AM _____	9 PM _____
10 AM _____	10 PM _____
11 AM _____	11 PM _____
NOON _____	MIDNIGHT _____
1 PM. _____	1 AM _____
2 PM _____	2 AM _____
3 PM _____	3 AM _____
4 PM _____	4 AM _____
5 PM _____	5 AM _____

Who Donald fired today:: _____

"Politicians can't manage. All they can do is talk."

               Donald J. Trump

TRUMPTIMER

Day/Date_____

Donald's Tweet of the Day:_____
_____

TODAY'S DAILY GOALS

1. _____   2. _____
3. _____   4. _____
5. _____   6. _____
7. _____   8. _____

MY SCHEDULE

6 AM _____	6 PM _____
7 AM _____	7 PM _____
8 AM _____	8 PM _____
9 AM _____	9 PM _____
10 AM _____	10 PM _____
11 AM _____	11 PM _____
NOON _____	MIDNIGHT _____
1 PM. _____	1 AM _____
2 PM _____	2 AM _____
3 PM _____	3 AM _____
4 PM _____	4 AM _____
5 PM _____	5 AM _____

Who Donald fired today::_____

"I actually don't have a bad hairline."

Donald J. Trump

TRUMPTIMER WEEKLY NOTES

TRUMPTIMER

Day/Date_____

Donald's Tweet of the Day:_____
_____

TODAY'S DAILY GOALS

1. _____ 2. _____
3. _____ 4. _____
5. _____ 6. _____
7. _____ 8. _____

MY SCHEDULE

6 AM _____	6 PM _____
7 AM _____	7 PM _____
8 AM _____	8 PM _____
9 AM _____	9 PM _____
10 AM _____	10 PM _____
11 AM _____	11 PM _____
NOON _____	MIDNIGHT _____
1 PM _____	1 AM _____
2 PM _____	2 AM _____
3 PM _____	3 AM _____
4 PM _____	4 AM _____
5 PM _____	5 AM _____

Who Donald fired today::_____

"I have a great relationship with the Mexican people."

Donald J. Trump

TRUMPTIMER

Day/Date_____

Donald's Tweet of the Day:_____
_____

TODAY'S DAILY GOALS

1. _____ 2. _____
3. _____ 4. _____
5. _____ 6. _____
7. _____ 8. _____

MY SCHEDULE

6 AM _____ 6 PM _____
7 AM _____ 7 PM _____
8 AM _____ 8 PM _____
9 AM _____ 9 PM _____
10 AM _____ 10 PM _____
11 AM _____ 11 PM _____
NOON _____ MIDNIGHT _____
1 PM _____ 1 AM _____
2 PM _____ 2 AM _____
3 PM _____ 3 AM _____
4 PM _____ 4 AM _____
5 PM _____ 5 AM _____

Who Donald fired today::_____

"Why can't we use nuclear weapons?"

Donald J. Trump

TRUMPTIMER

Day/Date_____

Donald's Tweet of the Day:_____
_____

TODAY'S DAILY GOALS

1. _____ 2. _____
3. _____ 4. _____
5. _____ 6. _____
7. _____ 8. _____

MY SCHEDULE

6 AM _____	6 PM _____
7 AM _____	7 PM _____
8 AM _____	8 PM _____
9 AM _____	9 PM _____
10 AM _____	10 PM _____
11 AM _____	11 PM _____
NOON _____	MIDNIGHT _____
1 PM. _____	1 AM _____
2 PM _____	2 AM _____
3 PM _____	3 AM _____
4 PM _____	4 AM _____
5 PM _____	5 AM _____

Who Donald fired today::_____

"I'm the Ernest Hemingway of 140 characters."

Donald J. Trump

TRUMPTIMER

Day/Date_____

Donald's Tweet of the Day:_____
_____

TODAY'S DAILY GOALS

1. _____ 2. _____
3. _____ 4. _____
5. _____ 6. _____
7. _____ 8. _____

MY SCHEDULE

6 AM _____ 6 PM _____
7 AM _____ 7 PM _____
8 AM _____ 8 PM _____
9 AM _____ 9 PM _____
10 AM _____ 10 PM _____
11 AM _____ 11 PM _____
NOON _____ MIDNIGHT _____
1 PM. _____ 1 AM _____
2 PM _____ 2 AM _____
3 PM _____ 3 AM _____
4 PM _____ 4 AM _____
5 PM _____ 5 AM _____

Who Donald fired today::_____

"You have to think anyway, so why not think big?"

Donald J. Trump

TRUMPTIMER

Day/Date_____

Donald's Tweet of the Day:_____
_____

TODAY'S DAILY GOALS

1. _____ 2. _____
3. _____ 4. _____
5. _____ 6. _____
7. _____ 8. _____

MY SCHEDULE

6 AM _____ 6 PM _____
7 AM _____ 7 PM _____
8 AM _____ 8 PM _____
9 AM _____ 9 PM _____
10 AM _____ 10 PM _____
11 AM _____ 11 PM _____
NOON _____ MIDNIGHT _____
1 PM. _____ 1 AM _____
2 PM _____ 2 AM _____
3 PM _____ 3 AM _____
4 PM _____ 4 AM _____
5 PM _____ 5 AM _____

Who Donald fired today::_____

"I have an attention span as long as it has to be."

Donald J. Trump

TRUMPTIMER

Day/Date _____

Donald's Tweet of the Day: _____
_____

TODAY'S DAILY GOALS

1. _____ 2. _____
3. _____ 4. _____
5. _____ 6. _____
7. _____ 8. _____

MY SCHEDULE

6 AM _____ 6 PM _____
_____ _____
7 AM _____ 7 PM _____
_____ _____
8 AM _____ 8 PM _____
_____ _____
9 AM _____ 9 PM _____
_____ _____
10 AM _____ 10 PM _____
_____ _____
11 AM _____ 11 PM _____
_____ _____
NOON _____ MIDNIGHT _____
_____ _____
1 PM. _____ 1 AM _____
_____ _____
2 PM _____ 2 AM _____
_____ _____
3 PM _____ 3 AM _____
_____ _____
4 PM _____ 4 AM _____
_____ _____
5 PM _____ 5 AM _____
_____ _____

Who Donald fired today:: _____

"Politicians can't manage. All they can do is talk."

Donald J. Trump

TRUMPTIMER

Day/Date_____

Donald's Tweet of the Day:_____
_____

TODAY'S DAILY GOALS

1. _____   2. _____
3. _____   4. _____
5. _____   6. _____
7. _____   8. _____

MY SCHEDULE

6 AM _____   6 PM _____
7 AM _____   7 PM _____
8 AM _____   8 PM _____
9 AM _____   9 PM _____
10 AM _____   10 PM _____
11 AM _____   11 PM _____
NOON _____   MIDNIGHT _____
1 PM. _____   1 AM _____
2 PM _____   2 AM _____
3 PM _____   3 AM _____
4 PM _____   4 AM _____
5 PM _____   5 AM _____

Who Donald fired today::_____

"I actually don't have a bad hairline."

Donald J. Trump

TRUMPTIMER
WEEKLY NOTES

TRUMPTIMER

Day/Date_____

Donald's Tweet of the Day:_____
_____

TODAY'S DAILY GOALS

1. _____ 2. _____
3. _____ 4. _____
5. _____ 6. _____
7. _____ 8. _____

MY SCHEDULE

6 AM _____	6 PM _____
7 AM _____	7 PM _____
8 AM _____	8 PM _____
9 AM _____	9 PM _____
10 AM _____	10 PM _____
11 AM _____	11 PM _____
NOON _____	MIDNIGHT _____
1 PM _____	1 AM _____
2 PM _____	2 AM _____
3 PM _____	3 AM _____
4 PM _____	4 AM _____
5 PM _____	5 AM _____

Who Donald fired today::_____

"I have a great relationship with the Mexican people."

Donald J. Trump

TRUMPTIMER

Day/Date _____

Donald's Tweet of the Day: _____
_____

TODAY'S DAILY GOALS

1. _____ 2. _____
3. _____ 4. _____
5. _____ 6. _____
7. _____ 8. _____

MY SCHEDULE

6 AM _____	6 PM _____
7 AM _____	7 PM _____
8 AM _____	8 PM _____
9 AM _____	9 PM _____
10 AM _____	10 PM _____
11 AM _____	11 PM _____
NOON _____	MIDNIGHT _____
1 PM _____	1 AM _____
2 PM _____	2 AM _____
3 PM _____	3 AM _____
4 PM _____	4 AM _____
5 PM _____	5 AM _____

Who Donald fired today:: _____

"Why can't we use nuclear weapons?"

Donald J. Trump

TRUMPTIMER

Day/Date_____

Donald's Tweet of the Day:_____
_____

TODAY'S DAILY GOALS

1. _____   2. _____
3. _____   4. _____
5. _____   6. _____
7. _____   8. _____

MY SCHEDULE

6 AM _____   6 PM _____
7 AM _____   7 PM _____
8 AM _____   8 PM _____
9 AM _____   9 PM _____
10 AM _____   10 PM _____
11 AM _____   11 PM _____
NOON _____   MIDNIGHT _____
1 PM. _____   1 AM _____
2 PM _____   2 AM _____
3 PM _____   3 AM _____
4 PM _____   4 AM _____
5 PM _____   5 AM _____

Who Donald fired today::_____

"I'm the Ernest Hemingway of 140 characters."

Donald J. Trump

TRUMPTIMER

Day/Date_____

Donald's Tweet of the Day:_____
_____

TODAY'S DAILY GOALS

1. _____   2. _____
3. _____   4. _____
5. _____   6. _____
7. _____   8. _____

MY SCHEDULE

6 AM _____   6 PM _____
7 AM _____   7 PM _____
8 AM _____   8 PM _____
9 AM _____   9 PM _____
10 AM _____   10 PM _____
11 AM _____   11 PM _____
NOON _____   MIDNIGHT _____
1 PM. _____   1 AM _____
2 PM _____   2 AM _____
3 PM _____   3 AM _____
4 PM _____   4 AM _____
5 PM _____   5 AM _____

Who Donald fired today::_____

"You have to think anyway, so why not think big?"

                                                   Donald J. Trump

TRUMPTIMER

Day/Date_____

Donald's Tweet of the Day:_____
_____

TODAY'S DAILY GOALS

1. _____ 2. _____
3. _____ 4. _____
5. _____ 6. _____
7. _____ 8. _____

MY SCHEDULE

6 AM _____ 6 PM _____
7 AM _____ 7 PM _____
8 AM _____ 8 PM _____
9 AM _____ 9 PM _____
10 AM _____ 10 PM _____
11 AM _____ 11 PM _____
NOON _____ MIDNIGHT _____
1 PM. _____ 1 AM _____
2 PM _____ 2 AM _____
3 PM _____ 3 AM _____
4 PM _____ 4 AM _____
5 PM _____ 5 AM _____

Who Donald fired today::_____

"I have an attention span as long as it has to be."

Donald J. Trump

TRUMPTIMER

Day/Date_____

Donald's Tweet of the Day:_____
_____

TODAY'S DAILY GOALS

1. _____   2. _____
3. _____   4. _____
5. _____   6. _____
7. _____   8. _____

MY SCHEDULE

6 AM _____   6 PM _____
7 AM _____   7 PM _____
8 AM _____   8 PM _____
9 AM _____   9 PM _____
10 AM _____   10 PM _____
11 AM _____   11 PM _____
NOON _____   MIDNIGHT _____
1 PM. _____   1 AM _____
2 PM _____   2 AM _____
3 PM _____   3 AM _____
4 PM _____   4 AM _____
5 PM _____   5 AM _____

Who Donald fired today:: _____

"Politicians can't manage. All they can do is talk."

Donald J. Trump

TRUMPTIMER

Day/Date_____

Donald's Tweet of the Day:_____
_____

TODAY'S DAILY GOALS

1. _____ 2. _____
3. _____ 4. _____
5. _____ 6. _____
7. _____ 8. _____

MY SCHEDULE

6 AM _____ 6 PM _____
7 AM _____ 7 PM _____
8 AM _____ 8 PM _____
9 AM _____ 9 PM _____
10 AM _____ 10 PM _____
11 AM _____ 11 PM _____
NOON _____ MIDNIGHT _____
1 PM. _____ 1 AM _____
2 PM _____ 2 AM _____
3 PM _____ 3 AM _____
4 PM _____ 4 AM _____
5 PM _____ 5 AM _____

Who Donald fired today::_____

"I actually don't have a bad hairline."

Donald J. Trump

TRUMPTIMER
WEEKLY NOTES

TRUMPTIMER

Day/Date_____

Donald's Tweet of the Day:_____
_____

TODAY'S DAILY GOALS

1. _____ 2. _____
3. _____ 4. _____
5. _____ 6. _____
7. _____ 8. _____

MY SCHEDULE

6 AM _____ 6 PM _____
7 AM _____ 7 PM _____
8 AM _____ 8 PM _____
9 AM _____ 9 PM _____
10 AM _____ 10 PM _____
11 AM _____ 11 PM _____
NOON _____ MIDNIGHT _____
1 PM _____ 1 AM _____
2 PM _____ 2 AM _____
3 PM _____ 3 AM _____
4 PM _____ 4 AM _____
5 PM _____ 5 AM _____

Who Donald fired today::_____

"I have a great relationship with the Mexican people."

Donald J. Trump

TRUMPTIMER

Day/Date_____

Donald's Tweet of the Day:_____
_____

TODAY'S DAILY GOALS

1. _____   2. _____
3. _____   4. _____
5. _____   6. _____
7. _____   8. _____

MY SCHEDULE

6 AM _____	6 PM _____
7 AM _____	7 PM _____
8 AM _____	8 PM _____
9 AM _____	9 PM _____
10 AM _____	10 PM _____
11 AM _____	11 PM _____
NOON _____	MIDNIGHT _____
1 PM _____	1 AM _____
2 PM _____	2 AM _____
3 PM _____	3 AM _____
4 PM _____	4 AM _____
5 PM _____	5 AM _____

Who Donald fired today::_____

"Why can't we use nuclear weapons?"

                                                              Donald J. Trump

TRUMPTIMER

Day/Date_____

Donald's Tweet of the Day:_____
_____

TODAY'S DAILY GOALS

1. _____ 2. _____
3. _____ 4. _____
5. _____ 6. _____
7. _____ 8. _____

MY SCHEDULE

6 AM _____ 6 PM _____
7 AM _____ 7 PM _____
8 AM _____ 8 PM _____
9 AM _____ 9 PM _____
10 AM _____ 10 PM _____
11 AM _____ 11 PM _____
NOON _____ MIDNIGHT _____
1 PM. _____ 1 AM _____
2 PM _____ 2 AM _____
3 PM _____ 3 AM _____
4 PM _____ 4 AM _____
5 PM _____ 5 AM _____

Who Donald fired today::_____

"I'm the Ernest Hemingway of 140 characters."

Donald J. Trump

TRUMPTIMER

Day/Date_____

Donald's Tweet of the Day:_____
_____

TODAY'S DAILY GOALS

1. _____ 2. _____
3. _____ 4. _____
5. _____ 6. _____
7. _____ 8. _____

MY SCHEDULE

6 AM _____   6 PM _____

7 AM _____   7 PM _____

8 AM _____   8 PM _____

9 AM _____   9 PM _____

10 AM _____   10 PM _____

11 AM _____   11 PM _____

NOON _____   MIDNIGHT _____

1 PM. _____   1 AM _____

2 PM _____   2 AM _____

3 PM _____   3 AM _____

4 PM _____   4 AM _____

5 PM _____   5 AM _____

Who Donald fired today::_____

"You have to think anyway, so why not think big?"

Donald J. Trump

TRUMPTIMER

Day/Date_____

Donald's Tweet of the Day:_____
_____

TODAY'S DAILY GOALS

1. _____   2. _____
3. _____   4. _____
5. _____   6. _____
7. _____   8. _____

MY SCHEDULE

6 AM _____   6 PM _____
7 AM _____   7 PM _____
8 AM _____   8 PM _____
9 AM _____   9 PM _____
10 AM _____   10 PM _____
11 AM _____   11 PM _____
NOON _____   MIDNIGHT _____
1 PM. _____   1 AM _____
2 PM _____   2 AM _____
3 PM _____   3 AM _____
4 PM _____   4 AM _____
5 PM _____   5 AM _____

Who Donald fired today::_____

"I have an attention span as long as it has to be."

Donald J. Trump

TRUMPTIMER

Day/Date_____

Donald's Tweet of the Day:_____
_____

TODAY'S DAILY GOALS

1. _____ 2. _____
3. _____ 4. _____
5. _____ 6. _____
7. _____ 8. _____

MY SCHEDULE

6 AM _____ 6 PM _____
7 AM _____ 7 PM _____
8 AM _____ 8 PM _____
9 AM _____ 9 PM _____
10 AM _____ 10 PM _____
11 AM _____ 11 PM _____
NOON _____ MIDNIGHT _____
1 PM. _____ 1 AM _____
2 PM _____ 2 AM _____
3 PM _____ 3 AM _____
4 PM _____ 4 AM _____
5 PM _____ 5 AM _____

Who Donald fired today::_____

"Politicians can't manage. All they can do is talk."

                                                         Donald J. Trump

TRUMPTIMER

Day/Date _____

Donald's Tweet of the Day: _____
_____

TODAY'S DAILY GOALS

1. _____ 2. _____
3. _____ 4. _____
5. _____ 6. _____
7. _____ 8. _____

MY SCHEDULE

6 AM _____ 6 PM _____
7 AM _____ 7 PM _____
8 AM _____ 8 PM _____
9 AM _____ 9 PM _____
10 AM _____ 10 PM _____
11 AM _____ 11 PM _____
NOON _____ MIDNIGHT _____
1 PM. _____ 1 AM _____
2 PM _____ 2 AM _____
3 PM _____ 3 AM _____
4 PM _____ 4 AM _____
5 PM _____ 5 AM _____

Who Donald fired today:: _____

"I actually don't have a bad hairline."

Donald J. Trump

TRUMPTIMER
WEEKLY NOTES

THANK YOU!

Thanks so much for ordering TRUMPTIMER! I hope it serves you well and you make 2017 the greatest year ever!

2017 Calendar

January 2017

No.	Su	Mo	Tu	We	Th	Fr	Sa
1	1	2	3	4	5	6	7
2	8	9	10	11	12	13	14
3	15	16	17	18	19	20	21
4	22	23	24	25	26	27	28
5	29	30	31				

February 2017

No.	Su	Mo	Tu	We	Th	Fr	Sa
5				1	2	3	4
6	5	6	7	8	9	10	11
7	12	13	14	15	16	17	18
8	19	20	21	22	23	24	25
9	26	27	28				

March 2017

No.	Su	Mo	Tu	We	Th	Fr	Sa
9				1	2	3	4
10	5	6	7	8	9	10	11
11	12	13	14	15	16	17	18
12	19	20	21	22	23	24	25
13	26	27	28	29	30	31	

April 2017

No.	Su	Mo	Tu	We	Th	Fr	Sa
13							1
14	2	3	4	5	6	7	8
15	9	10	11	12	13	14	15
16	16	17	18	19	20	21	22
17	23	24	25	26	27	28	29
18	30						

May 2017

No.	Su	Mo	Tu	We	Th	Fr	Sa
18		1	2	3	4	5	6
19	7	8	9	10	11	12	13
20	14	15	16	17	18	19	20
21	21	22	23	24	25	26	27
22	28	29	30	31			

June 2017

No.	Su	Mo	Tu	We	Th	Fr	Sa
22					1	2	3
23	4	5	6	7	8	9	10
24	11	12	13	14	15	16	17
25	18	19	20	21	22	23	24
26	25	26	27	28	29	30	

July 2017

No.	Su	Mo	Tu	We	Th	Fr	Sa
26							1
27	2	3	4	5	6	7	8
28	9	10	11	12	13	14	15
29	16	17	18	19	20	21	22
30	23	24	25	26	27	28	29
31	30	31					

August 2017

No.	Su	Mo	Tu	We	Th	Fr	Sa
31			1	2	3	4	5
32	6	7	8	9	10	11	12
33	13	14	15	16	17	18	19
34	20	21	22	23	24	25	26
35	27	28	29	30	31		

September 2017

No.	Su	Mo	Tu	We	Th	Fr	Sa
35						1	2
36	3	4	5	6	7	8	9
37	10	11	12	13	14	15	16
38	17	18	19	20	21	22	23
39	24	25	26	27	28	29	30

October 2017

No.	Su	Mo	Tu	We	Th	Fr	Sa
40	1	2	3	4	5	6	7
41	8	9	10	11	12	13	14
42	15	16	17	18	19	20	21
43	22	23	24	25	26	27	28
44	29	30	31				

November 2017

No.	Su	Mo	Tu	We	Th	Fr	Sa
44				1	2	3	4
45	5	6	7	8	9	10	11
46	12	13	14	15	16	17	18
47	19	20	21	22	23	24	25
48	26	27	28	29	30		

December 2017

No.	Su	Mo	Tu	We	Th	Fr	Sa
48						1	2
49	3	4	5	6	7	8	9
50	10	11	12	13	14	15	16
51	17	18	19	20	21	22	23
52	24	25	26	27	28	29	30
1	31						

CalendarVIP.com

TRUMPTIMER

Day/Date_____

Donald's Tweet of the Day:_____
_____

TODAY'S DAILY GOALS

1. _____ 2. _____
3. _____ 4. _____
5. _____ 6. _____
7. _____ 8. _____

MY SCHEDULE

6 AM _____ 6 PM _____
7 AM _____ 7 PM _____
8 AM _____ 8 PM _____
9 AM _____ 9 PM _____
10 AM _____ 10 PM _____
11 AM _____ 11 PM _____
NOON _____ MIDNIGHT _____
1 PM _____ 1 AM _____
2 PM _____ 2 AM _____
3 PM _____ 3 AM _____
4 PM _____ 4 AM _____
5 PM _____ 5 AM _____

Who Donald fired today::_____

"I have a great relationship with the Mexican people."

Donald J. Trump

TRUMPTIMER
WEEKLY NOTES

www.ingramcontent.com/pod-product-compliance
Lightning Source LLC
Chambersburg PA
CBHW080933170526
45158CB00008B/2271